СЕКРЕТНОЕ ОРУЖИЕ ИНТЕЛЛЕКТА

Сима Крейнин

КАК ДУМАТЬ РЕЗУЛЬТАТИВНО

Книга третья

ИЗРАИЛЬ 2015

ЧТО ВЫ УЗНАЕТЕ

Как убрать мыслительные барьеры и придумывать
совершенно новые оригинальные идеи

Чем отличаются творческие проблемы от
логических задач

Как возникают "неразрешимые" противоречия и
как они все-таки разрешаются

Как достичь желаемого результата, не затратив
дополнительных средств и времени

Как использовать имеющиеся ресурсы с
максимальной эффективностью

В двух предыдущих книгах серии "Секретное оружие интеллекта" мне хотелось поймать сразу "двух зайцев". Во-первых, убедить читателя в необходимости думать и развивать свои умственные способности. Во-вторых, предложить задачи и упражнения для тренировки и развития интеллекта.

Если Вы читаете эту книгу, уже третью в данной серии, есть надежда, что мне удалось осуществить мои намерения.

Решать логические задачи, преодолевать психологическую инерцию и развивать воображение – это очень увлекательное занятие… в свободное время. Но у делового человека большая часть времени не свободная, а наоборот, весьма занятая. И приходится решать не логические задачи, а другие, гораздо более сложные проблемы.

Жизнь каждого человека представляет собой непрерывную цепь изменений. Изменения происходят в любой области деятельности, от внутрисемейных отношений до управления государством.

Каждое изменение приводит к нарушению "статус-кво". Для восстановления прежнего положения требуется осуществить другое изменение. Одно изменение тянет за собой другое, и так без конца.

Возникает проблема, которая требует решения. Любое решение – это тоже изменение, которое в свою очередь, входит в противоречие с существующим положением, и требует соответствующего решения. Клубок проблем и решений запутывается все сильнее и сильнее.

Люди реагируют на возникающие в жизни сложности по-разному. Кто-то рвется в бой, готов разрубить любой узел, не глядя. Кто-то не вмешивается, ждет, что само как-нибудь разрешится.
Как говорилось в одном старом анекдоте: из каждого положения есть, как минимум, два выхода.

Хаотичный способ решения проблем тоже имеет "право на жизнь", но он требует очень много времени на поиски, а главное, не гарантирует нужного результата.

4

Осталось сделать последний шаг и найти методику, которая гарантированно выводит на прямую дорогу к нужному результату, без лишних затрат времени и сил.

Такую методику более сорока лет разрабатывал советский инженер Генрих Альтшуллер для решения противоречий, возникающих в технических системах. Он назвал ее **ТРИЗ (теория решения изобретательских задач)**. Своего современного состояния ТРИЗ достигла к середине 80-х годов 20-го столетия.

ГЕНРИХ АЛЬТШУЛЛЕР
1926 – 1998

В 1985 году грянула перестройка. С одной стороны, ученики Альтшуллера стали разъезжаться по всему миру и разнесли методику по всем уголкам планеты Земля. С другой стороны, появилось свободное предпринимательство на всей территории бывшего СССР, и если сначала было достаточно скопировать зарубежные наработки, то очень быстро появилась потребность в новых идеях для бизнеса и рекламы.

Методика ТРИЗ оказалась достаточно универсальной, чтобы ее можно было использовать и в нетехнических системах. На сегодняшний день методика развивается в двух направлениях: преподавание, обучение (от младших школьников до командиров производства) и преобразование для применения в нетехнических системах (художественных, научных, политических, системах бизнеса, рекламы и т.д.).

Предлагаемая вашему вниманию книга является итогом многолетней и разнообразной работы автора в сфере ТРИЗ (преподавание взрослым и школьникам, решение проблем, создание учебных пособий и т.д.). В последние годы особое внимание уделялось использованию принципов ТРИЗ в нетехнических областях человеческой деятельности.

"Стоя на плечах гигантов", постараемся сделать еще один шажок вперед.

СОЗДАНИЕ НОВЫХ ИДЕЙ

Новый предмет содержит в себе истину о старом.
Ханс Георг Гадамер

Ростки нового всегда зарождаются внутри старого.
Йохан Хёйзинга

В свое время Генрих Альтшуллер проанализировал десятки тысяч патентов и авторских свидетельств и выявил более 40 приемов создания новых идей. Многие из этих приемов с успехом используются не только в технических системах.
Рассмотрим применение некоторых приемов.

ПРИЕМ ИНВЕРСИИ – сделать наоборот.

Рождественская кампания. Рождественские рекламные войны среди крупнейших брендов весьма ожесточенные. Одни компании вовсю распространяют «дух Рождества», создают атмосферу сказки и волшебства, пропагандируют щедрость и призывают вспомнить о своих друзьях и близких. Другие, наоборот, утверждают, что раз в год можно побыть эгоистом и вспомнить о себе. Так, например, известный британский универмаг Harvey Nichols в своей рождественской кампании 2013 года с говорящим названием «Sorry, I Spent It On Myself» («Извините, я потратил деньги на себя») призывает покупателей побаловать, в

7

первую очередь, себя любимого, сэкономив при этом на подарках другим людям.

Фитнес-клуб. В отличие от обычных спортзалов, где цена прямо пропорционально зависит от частоты посещений, фитнес-клуб Fitmob решил поступить с точностью до наоборот. Для приобщения как можно большего количества людей к занятию спортом Fitmob уменьшает стоимость тренировок за каждое дополнительное занятие в неделю. Первая тренировка стоит USD 15. При следующей тренировке на этой же неделе стоимость уменьшается до USD 10. Третья тренировка уже обходится в USD 5, как и все последующие. Таков главный действующий инструмент этого необычного фитнес-клуба.

E-bay наоборот. На обычном аукционе (в том числе, и в интернете) продавец выставляет товар, а покупатели предлагают свою цену. Кто готов заплатить больше, тот и выиграл.
Предлагается "аукцион наоборот": покупатель заявляет нужный ему товар или услугу, а продавцы устраивают состязание, чья цена ниже.

Съедобные фото из Instagram. Многие посетители кафе и ресторанов охотно фотографируют еду и выкладывают снимки в социальные сети. Проект Boomf предлагает своим клиентам услугу печати любимых фотографий на необычном материале из сладостей, напоминающих по вкусу зефир. Популярность к съедобному фото из Instagram пришла столь быстро, что в предпраздничные рождественские дни компанию просто завалили телефонными звонками и заказами.

Из приведенных примеров вырисовывается общий принцип использования приема:

1. формулируется исходная идея
2. на ее основе формулируется одна или несколько инверсных идей
3. разрабатываются варианты применения новых идей

Например.

1. Исходная идея: в Санкт-Петербурге туристы покупают консервированный воздух Санкт-Петербурга.
2. Инверсная идея: продавать воздух Санкт-Петербурга за пределами города или даже страны.
3. Продавать воздух Санкт-Петербурга в Москве и в других городах России, устроить обмен "воздухами". Сделать набор "Воздух российских городов". Или вообще, вывезти такие баночки за границу, в те страны, где проживает большое количество бывших граждан России, которые из ностальгических соображений захотят приобрести воздух воспоминаний.

ПРИЕМ ИДЕАЛЬНОСТИ – чем ближе к идеалу, тем лучше.

Любая система предназначена для выполнения какой-либо функции.
Автомобиль перевозит грузы от пункта производства до пункта использования. Магазин продает товары от изготовителя потребителю. Школа обучает учеников различным наукам. Газета передает читателям различную информацию. Радио и телевидение делают то же самое, но своими способами.
Но при этом автомобиль перевозит не только полезный груз, но и сам себя, на что расходуется часть топлива. Производство самого автомобиля и его эксплуатация требует немалых средств. Магазин занимает помещение, оснащен дорогостоящим оборудованием, платит зарплату своим работникам. Точно так же и школа.
Газета тоже не появляется сама – работают журналисты (и получают зарплату), работает типография (стоимость оборудования и зарплата работникам).
Короче говоря, любая система тратит энергию не только на полезное функционирование, но и на обеспечение собственной жизнедеятельности.

Идеальная система не занимает места, не потребляет энергии, не требует никаких средств, но при этом выполняет свою функцию.

В идеальной системе все происходит **само собой** без дополнительных затрат денег, энергии, пространства и т.д.

Короче говоря, идеальная система – это когда системы нет, а ее обязанности выполняются. Все "уважающие себя" системы стремятся к своему идеалу. Наша задача предельно проста: всегда поддерживать это стремление.

Появление интернета сильно продвинуло многие системы в сторону идеальности. Интернет-магазин не требует ни специального помещения, ни особого оборудования. Дистанционное обучение (видео-уроки, online курсы) также скачок в сторону идеальности.

Идеальная реклама. Владелец популярной в США ресторанной сети тратил очень мало денег на маркетинг. Несмотря на это, в его ресторанах всегда было много клиентов. Как это ему удалось? Каждый раз, когда он открывал новый ресторан, он организовывал в нем грандиозный прием, на который приглашал всех парикмахеров города. Они веселились и вкусно ели за счет хозяина, а на следующий день в отличном настроении выходили на работу.

А как работают парикмахеры? Именно! Они каждый день общаются с клиентами. И в течение нескольких недель с удовольствием распространяют информацию о замечательном ресторане, где можно хорошо провести вечер.

Информационные табло.
Сервис SmartWalk проецирует изображение уличных указателей и информационных табло на любые плоские поверхности, будь то тротуар или стена здания, равно как и расписание движения любых видов общественного транспорта. Веб-сервис в режиме реального времени аккумулирует информацию о движении метро, автобусов, поездов, количестве свободных мест в прокате велосипедов, отображает одновременно самую разную информацию, обновляемую каждые 30 секунд.

ПРИЕМ ДИНАМИЧНОСТИ – сделать неподвижное подвижным, неизменное – меняющимся.

Меняющиеся цены. В условиях экономического кризиса, когда потребители экономят буквально на всем, и в первую очередь на развлечениях и обедах в ресторанах, последним приходится идти на любые уступки и хитрости, чтобы удержать клиентов. Бар Exchange Bar and Grill в Нью-Йорке не имеет фиксированных цен в меню, они меняются каждый раз в зависимости от спроса на то или иное блюдо. Принцип ценообразования в баре Exchange Bar and Grill полностью копирует принцип биржи: те блюда меню, которые заказываются чаще всего клиентами, стоят дороже, в то время как непопулярные блюда, которые заказываются редко, идут по минимальной цене. Цены в этом баре меняются каждую минуту как на бирже.

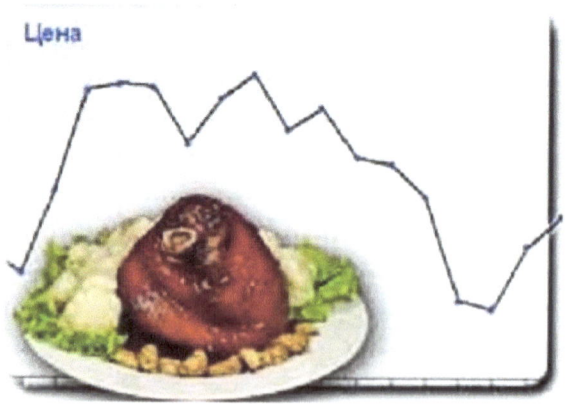

Реклама по погоде. Он-лайн магазин модной одежды под названием La Redoute украсил улицы Парижа необычной «умной» рекламой. «Умные» рекламные щиты, расставленные повсюду La Redoute, демонстрируют топ-модель, всегда одетую по погоде. По той погоде, которая в данный момент «происходит» на улице. Естественно, рекламные щиты с видеоизображением снабжены встроенным температурным датчиком и датчиком влажности.

Банк на колесах. Необычный способ предоставления банковских услуг являют нам прибалтийский банк Swedbank и испанский Bankia. В сельских районах Эстонии и Валенсии, где людей живет много меньше, чем в городе, по расписанию курсируют автобусы-офисы, где жители получают те же услуги, что и в обычном, стационарном отделении банка.

15

Передвижной отель. Туристы все чаще предпочитают индивидуальный подход к организации своего отдыха, нежели типовые туры. Передвижной гостиничный номер от компании Scandic сводит к минимуму ограничения в выборе места проживания и обещает обеспечить отличный отдых там, где клиент сам того пожелает. Сервис передвижного отеля Scandic заключается в предоставлении в распоряжение клиента гостиничного номера в любом месте. Имея под рукой такую возможность, туристам больше не нужно искать варианты жилья поблизости желаемого места отдыха, исчезает риск столкнуться с проблемой отсутствия свободных номеров. Теперь клиент может выбирать точное местоположение своего номера сам. На сегодняшний день, на практике, мобильный гостиничный номер Scandic To Go был установлен в центре Стокгольма, на пляже в южной Швеции и у озера в Финляндии.

ПРИЕМ ОБЪЕДИНЕНИЯ – выполнение двух или нескольких функций одной системой.

Лампа-закладка. Закладка Booklight – это гибкая, гнущаяся и хорошо держащая форму, которую вы ей придали, закладка из пластика. Закладка для книг из пластика надевается на страницы книги, которую вы держите в руках и изгибается над ней как уличный фонарь-кобра. На головке у пластиковой закладки матово-белая лампа (плоская). В матово-белой лампе — две светодиодные лампочки. Они-то и бросают свет, освещая читаемую вами страницу. Подзаряжается закладка-лампа от компьютера, через USB порт.

С закладкой, которая цепляется к страницам книги (наподобие скрепки) вы как будто бы читаете при свете фонарика.

17

Футболка – корректор осанки.
Футболки UP T-Shirt изготовлены из органического хлопка с патентованными эластичными вставками в районе плечевого пояса, отвечающими за поддержание осанки. Точки концентрации напряжения эластичных вставок расположены так, что наиболее комфортным положением для носящего будет естественная правильная осанка. При сутулости ощущается легкий дискомфорт, показывающий, что пора распрямиться.

Костюм с кошельком. Любой мужчина хочет себя хоть иногда почувствовать агентом 007 и взмахом одной руки гордо заплатить за ужин с дамой или любую другую покупку, а не рыться судорожно по карманам в поисках кредитки или наличных. С помощью платежного микрочипа, встроенного в рукав пиджака, любой мужчина уже сегодня может чувствовать себя «на высоте» и выглядеть всегда стильно и безупречно. чем и объясняется возрастающая популярность «платежных» манжет на запястьях.

Писсуар как рекламный носитель.

Интерактивный коммуникатор Wizmark – это запатентованный уникальный рекламный носитель, который располагается в самом низу мужского писсуара. Такое расположение позволяет эффективно воздействовать на целевую аудиторию, т.к. длительность контакта у потребителя с рекламным сообщением составляет не менее одной минуты.

Мало того, что устройство действует как дезодорант с дезинфицирующими свойствами, фотосенсор в Wizmark еще и реагирует на посетителя, находящегося в непосредственной близости от писсуара, и воспроизводит заранее подготовленную аудио-запись или слайд-шоу, а может и мигать лампочками, привлекая к себе внимание.

Платежная карта с клавиатурой. Платежные карточки — удобная замена наличных денег и для некоторых продвинутых граждан уже вещь незаменимая. Но пластиковые карты не лишены недостатков, например, они могут быть использованы мошенниками. Чтобы деньги клиентов были недоступны ворам, операторы платежных карт вынуждены придумывать защитные ухищрения. Так, MasterCard постепенно внедряет карточки, у которых есть сенсорные кнопки и LCD-экран. Кнопки таких карточек служат для ввода индивидуального PIN-кода, после чего на их экране отображается одноразовый пароль, необходимый для совершения операции по карте. Эти платежные карты с удаленной проверкой личности владельца особенно хороши для покупок онлайн.

ПРИЕМ СОГЛАСОВАНИЯ – соответствие формы и содержания.

Лампочка-бокал. Светильники в винном баре выполнены в форме бокалов для вина.

Пакет молока.

Часы "FESTINA". Швейцарские водонепроницаемые часы продаются в пакете с водой.

Стоимость авиабилета в зависимости от веса пассажиров. Авиалинии независимого государства Самоа Samoa Air стали первой в мире авиакомпанией, которая определяет стоимость билета в зависимости от веса не только багажа, но и самих пассажиров. Теперь полным людям придется заплатить за билет больше, чем другим.

ПРИЕМ СВЕРТЫВАНИЯ – однородные функции, выполняемые разными системами, передать одной системе.

Единая банковская карточка. Сейчас у каждого городского жителя уже по нескольку банковских карт. И карты эти не простые, а часто сулящие некие выгоды при использовании в определенных случаях. Например, при оплате покупки в магазине одежды с помощью Visa, вам причитается скидка 10%, а расплатившись картой MasterCard от определенного банка вы получите дополнительные топливные бонусы. Но таскать с собой все карты неудобно, да и знать обо всех их преимуществах невозможно. Сервис Wallaby берется облегчить человеческую долю.

Wallaby Financial – новый платежный посредник. Его пользователь, регистрируясь на сайте, указывает персональные данные, привязывает к аккаунту желаемые банковские карты и определяет предпочтения. После этого на почтовый адрес ему приходит новая магнитная пластиковая карточка, которая заменит все привязанные. Далее, оплачивая покупку и прокатывая карточку через POS-терминал, Wallaby выберет наиболее выгодную карточку на основании предпочтений и информации по действующим преференциям от банков, и соответственно перенаправит платеж. Причем Wallaby умеет определять как постоянные бенефеты, так и временные промо, действующие для владельцев карт.

23

ПРОТИВОРЕЧИЯ

... Жизнь есть не что иное, как постоянно
побеждаемое противоречие.
Иван Сергеевич Тургенев

Нам велят стоять смирно и одновременно идти вперед.
Мечислав Шарган

Приемы создания новых идей позволяют, "времени не тратя даром", быстро и целенаправленно получать новые идеи. Но далеко не всегда удается так же быстро внедрить эти идеи.

Например, такая "наоборотная" идея, как сделать общественный туалет с прозрачными стенками, возникла одновременно в нескольких разных странах. Как ни странно, после появления таких туалетов они стали очень популярны в качестве местной достопримечательности.
Но для того, чтобы эти туалеты использовались по прямому назначению, авторам пришлось загородить их деревянным забором или зеркальными стенками.
Короче говоря, при внедрении новой идеи возникло **противоречие**:
туалет должен быть прозрачным, для привлечения посетителей, и не должен быть прозрачным, поскольку никто из посетителей не захочет пользоваться туалетом у всех на виду.

Начнем сначала – разберемся, как появляются противоречивые требования.

"Уж сколько раз твердили миру", но придется повторить еще раз: все на свете является системой. Не только технические, но и все естественные, искусственные и воображаемые объекты образуют системные структуры, бесконечные во всех направлениях.

Любой объект нашего мира может быть представлен в виде **системы**, состоящей из ряда **подсистем**, каждая из которых состоит из многих **подподсистем** и т.д. В свою очередь эта же система может входить в качестве составной части в более крупную **надсистему**, а та в **наднадсистему** и т. д.

Уровни систем относительны. Если мы рассматриваем в качестве системы книжный магазин, то книга будет его подсистемой, а книготорговля – надсистемой.

Если же системой является книга, то по отношению к ней надсистемой будет книжный магазин, а подсистемами – переплет и страницы.

Связи между элементами системы могут быть глубокими и прочными. Тогда даже небольшое изменение системы распространяется в стороны (на другие системы), вниз (на подсистемы) и вверх (на надсистему). Обрыв одного провода в системе зажигания может вывести из строя не только саму систему зажигания, но и надсистему (двигатель), и наднадсистему (автомобиль).

Связи между элементами системы могут быть неглубокими, поверхностными. В такой системе изменение какого-то одного элемента слабо отражается на других подсистемах и всей системе в целом.

Чем ниже расположена система в этом "Табеле о рангах", тем жестче зависимость между ее элементами. Такие системы, как станок, двигатель, велосипед обладают гораздо более прочными, жесткими связями, чем завод, транспорт и т.п.

Любое изменение в системе нарушает существующую согласованность действий всех элементов. Поэтому возникает **противоречие**: *улучшение (изменение) одного элемента системы приводит к ухудшению (нарушению действия) другого элемента.*

Рассмотрим несколько примеров.

1. Одним из факторов, влияющих на размер прибыли от продаж товаров и услуг, является объем продаж – чем больше объем продаж, тем больше прибыль.
   Чем больше объем продаж за определенный период времени, т.е. оборот денежных средств, тем больше прибыль. Проще говоря, чтобы увеличить прибыль, надо ускорить оборот денег, т.е. быстрее продавать.

Чтобы быстрее продавать, надо снизить цены. Но чем ниже цены, тем меньше прибыль.

2. Мечта любой торговой компании: купить дешевле, продать подороже.
   Чтобы купить товар оптом как можно дешевле, надо покупать большими количествами. Большое количество, даже по низкой цене, требует больших вложений.

3. Издательство покупает у автора права на издание и продажу его книг (в бумажной или электронной форме).
   Чем известней автор, тем лучше продаются его книги. Но известный автор продает свои права гораздо дороже начинающего.

   С другой стороны, начинающий писатель продает право на издание и продажу своих книг дешевле, чем прославленный автор. Но для того, чтобы "раскрутить" начитающего писателя, издательство должно вложить гораздо больше денег в рекламу.

4. Тренер on-line заинтересован в наибольшем количестве просмотров в интернете (лайков) своих материалов. Больше всего лайков обычно приходится на сообщения об обыкновенных жизненных ситуациях (я ездил в отпуск, ходил на футбол и т.п.) и на демонстрацию агрессии. Но если преподаватель (тренер, коуч) будет размещать агрессивные посты или ничего не

значащие сообщения, он попросту испортит свой имидж, потеряет доверие к себе как к учителю.

5. Родители заботятся о своем ребенке с первых дней его появления на свет. Сначала собственноручно кормят, одевают и умывают его, потом он обучается выполнять эти действия самостоятельно. Затем он начинает учиться в школе, и родители помогают и контролируют его. Но вот этот послушный и доброжелательный ребенок становится подростком, который считает себя взрослым человеком, вполне способным самому о себе позаботится. Родители продолжают помогать и опекать его, что вызывает сильнейшее раздражение ребенка. И чем больше он зависит от родителей, тем сильнее эта зависимость тяготит его.

ШАГ ЗА ШАГОМ

Что же получается? Вся наша жизнь проходит в метаниях между разными сложностями и трудностями. Борьба с трудностями и решение сложных проблем – это и есть жизнь, хотим мы этого или не хотим. Но вот метаться при этом совсем не обязательно.

Чтобы не тратить свое время на бесполезные попытки и суету, надо научиться решать сложные проблемы быстро и результативно.

Основная "сложность" сложных проблем заключается в том, что каждая проблема представляет собой запутанную ситуацию, в которой участвуют многие объекты и субъекты. В такой ситуации очень трудно разобраться с первого взгляда и понять, в чем суть конфликта. Поэтому решение сложной проблемы превращается в процесс переформулирования ситуации из трудной и запутанной в простую минимальную задачу.
Рассмотрим этот процесс на конкретном примере.

Жила-была семья. Он – Джеймс, популярный адвокат. Она – Памелла, какое- то время работала учительницей, потом отпала необходитость в ее заработке, и она занималась домом, детьми, теперь уже внуками.
Они познакомились и поженились очень молодыми, еще студентами. Джеймс много работал, вначале брался за любые дела, постепенно сформировалась специализация – бракоразводные процессы.
Памелла создала в семье атмосферу уважения к занятиям Джеймса, а он всегда поддерживал жену во всем, что касалось детей и ведения хозяйства. Они относились друг к другу с такой нежностью и уважением, что все соседи считали

*их самой благополучной парой, достойной
подражания.*

*Несколько лет тому назад они отпраздновали
серебрянную свадьбу в своем новом доме.
Положение обязывает – преуспевающий адвокат
построил шикарный особняк в престижном
районе, и Памелла с увлечением обустраивала и
украшала его.*

*И вдруг…Джеймс объявил Памелле, что
собирается развестись с ней и жениться на своей
секретарше.*

*Развод прошел быстро, все-таки Джеймс был
специалистом своего дела. Дети уже взрослые,
споров по разделу имущества не было. Памелла
получила достойное обеспечение на всю жизнь, но
Джеймс сделал так, что их особняк остался у*

него, поскольку его новой жене очень нравился этот дом.

Для Памеллы это было самое обидное. Мало того, что приходится привыкать к жизни без Джеймса, так еще и без дома, в который она вложила столько душевных сил. Представить себе новую хозяйку в своей спальне, в своей гостиной, на своей кухне – Памелла просто не могла.

Дом надо вернуть. Но как?

СЛОЖНАЯ СИТУАЦИЯ
*Развод, раздел имущества,
требования новой жены,
требования старой жены…*

МНОГО ОБЪЕКТОВ
*Муж, жена, секретарша, дети, внуки,
соседи, особняк, прочее имущество…*

ТРЕБОВАНИЕ
*Надо вернуть особняк старой жене,
а как?*

Сложная ситуация включает в себя множество объектов и довольно беспомощное требование: надо что-то сделать, а как?

Множество объектов, каждый из которых может быть изменен, порождает множество направлений

поиска решения. Нам нужен компас, чтобы из многих дорог выбрать ту единственную, которая кратчайшим путем приведет нас к цели, причем сразу, без перебора "пустых" вариантов.
Из огромного числа объектов надо сразу выбрать один-единственный, в изменении которого заключается решение задачи. И сделать это без "пустых" проб, без перебора ненужных вариантов возможно только с помощью методики, основанной на ТРИЗ.

От сложной ситуации можно перейти к задаче максимальной или к минимальной.

Максимальная задача получается при полном снятии ограничений: можно подать встречный иск, нанять более сильных адвокатов, устроить Джеймсу невыносимую жизнь с публичными истериками, скандалами, угрозами разоблачения и прочими способами отравить ему жизнь. Но это направление будет стоить довольно дорого и может затянуться на долгие годы.
Вообще, всегда выгоднее сначала решить мини-задачу, а уже потом, если понадобится, переходить к кардинальным преобразованиям.

Мини-задача формулируется по правилу: **все остается без изменений, но исчезает вредное качество или появляется новое полезное качество.**

Примечание: надо формулировать без специальных терминов, желательно пользоваться более общими выражениями.

Все остается без изменений: *развод, раздел имущества, муж живет с новой женой.*
Появляется новое полезное качество: *дом принадлежит старой жене.*
Чтобы выполнить условие мини-задачи, надо изменить существующее положение дел.
А изменение любого элемента системы приводит к **техническому противоречию (ТП).**

Техническое противоречие формулируется по правилу: **улучшение одной части системы известными способами приводит к ухудшению другой ее части.**
Чтобы дом перешел во владение старой жены известными способами (встречный иск, истерики и т.д.), ей придется потратить много денег, времени и нервов.

Техническое противоречие выделяет именно те два элемента, между которыми происходит конфликтующее действие.
Конфликт возникает между домом и старой женой.

Примечание: может показаться, что конфликт существует между мужем и старой женой, но это не так. Старая жена вовсе не требует, чтобы к ней вернулся муж. Она хочет вернуть только дом.

МИНИ-ЗАДАЧА
Муж живет с новой женой, а дом должен принадлежать старой жене.

ТЕХНИЧЕСКОЕ ПРОТИВОРЕЧИЕ
Если дом перейдет к старой жене, ей придется потратить много денег и еще больше нервов.

КОНФЛИКТНАЯ ПАРА
Дом – старая жена

Один из объектов конфликтной пары существовует в двух состояниях:
дом, принадлежащий мужу – дом, принадлежащий старой жене.
Дом – это тот **изменяемый объект**, от которого зависит решение проблемы.

Соответственно, противоречие распадается на два.
ТП-1: если дом остается во владении мужа, старой жене не придется тратить деньги и нервы.
ТП-2: если дом переходит во владение старой жены, ей придется потратить много денег и нервов.

КОНФЛИКТНАЯ ПАРА
Дом – старая жена

ТЕХНИЧЕСКОЕ
ПРОТИВОРЕЧИЕ.

ТП-1: дом во владении мужа

ТП-2: дом во владении старой жены

Выбираем тот вариант противоречия, который не требует изменений, т.е. ТП-1. Остался один объект – дом во владении мужа. Решение проблемы заключается в изменении самого дома.

Чтобы понять, какое именно изменение требуется, надо вспомнить, что такое "идеальная система" и определить , что такое "идеальный конечный результат".

Идеальная система – это система, которая не существует, а ее функция выполняется.

Например, функция танкера – перевозить нефть. Вместе с нефтью он перевозит самого себя, а это немалый вес. К тому же обратно он возвращается пустопорожним. Значит, идеальный танкер – это его отсутствие, а нефть доставляется к месту назначения – трубопровод.

Идеальный Конечный Результат (ИКР)
достигается сам собой, "без ничего", без затрат энергии, материалов, средств.
ИКР – это тот компас, который показывает направление поиска.
ИКР – это тот маяк, к которому стремится решение.

В нашем случае, дом **сам**, без дополнительных затрат перестает принадлежать мужу.
Надо усилить ИКР, довести его до предела, до абсурда: дом **сам** убегает от мужа, бросает его, не встречая никакого сопротивления.

ИКР служит критерием оценки решения. Далеко не всегда удается реализовать именно ИКР, но чем ближе к идеалу, тем лучше.

В каком случае дом сумеет освободиться от своего хозяина? Например, если дом станет совершенно непригоден для проживания в нем, и его хозяин **сам** захочет избавиться от него.
Но не надо забывать об изначальной цели, ради которой вообще возникла эта проблема: старая жена хочет получить этот дом для того, чтобы жить в нем.

Получается еще более острое **физическое противоречие (ФП)**, в котором участвует только один, изменяемый объект.

Физическое противоречие формулируется по правилу: **изменяемый объект должен находится в двух противоположных состояниях одновременно.**
ФП: дом должен быть не пригоден для проживания мужа с новой женой, и дом должен быть пригоден для проживания старой жены.

Обратите внимание: мы даже не пытаемся искать какое-то решение, мы просто переформулируем условия, все время уменьшая область поиска.

Физическое противоречие – последний барьер на пути к решению. Чем ниже этот барьер, т.е. чем точнее сформулировано ФП, тем быстрее найдется решение

Обшая схема такого, шаг за шагом сужения проблемы имеет вид перевернутой пирамиды.

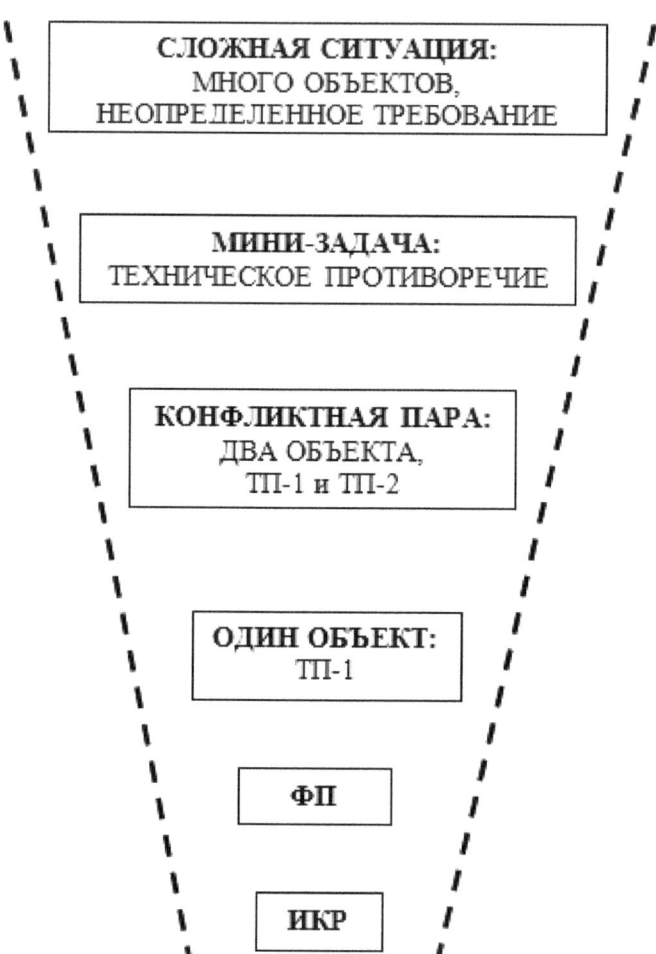

СЛОЖНАЯ СИТУАЦИЯ:
МНОГО ОБЪЕКТОВ,
НЕОПРЕДЕЛЕННОЕ ТРЕБОВАНИЕ

МИНИ-ЗАДАЧА:
ТЕХНИЧЕСКОЕ ПРОТИВОРЕЧИЕ

КОНФЛИКТНАЯ ПАРА:
ДВА ОБЪЕКТА,
ТП-1 и ТП-2

ОДИН ОБЪЕКТ:
ТП-1

ФП

ИКР

.

38

В физических противоречиях столкновение конфликтующих требований предельно обострено. Поэтому, на первый взгляд, ФП кажется абсурдным, заведомо неразрешимым. Разве может одно и то же здание быть непригодным для жизни одного человека с планеты Земля и одновременно пригодным для жизни другого человека с той же планеты. Но именно в этом, в доведении конфликта до крайности и проявляется сила ФП. Раз уж один и тот же объект не может находится в двух разных состояниях, значит надо развести, разъединить противоречивые свойства простыми преобразованиями.

Известны несколько принципов разрешения физических противоречий:
1. разделение противоречивых свойств в пространстве
2. разделение противоречивых свойств во времени
3. переход в над-систему: объединение нескольких систем для получения нового качества
4. переход к анти-системе: одна часть системы обладает свойством С, а другая часть – свойством анти-С.
5. переход на уровень подсистем.

Из приведенных принципов в нашем случае можно использовать второй: разделение во времени.

Сначала дом не пригоден для жилья, а потом опять становится пригодным.

Чтобы сделать дом не пригодным для жилья, в нем надо создать невыносимые условия жизни для людей. Причем невыносимыми эти условия должны быть временно. И при этом, в соответствии с требованиями ИКР, без особых материальных затрат.

А какими должны быть **нормальные** условия жизни в доме?

1. Дом должен быть технически исправным, т.е. стены, крыша, окна, электричество, вода, газ, телефонная связь, интернет – все функционирует нормально.
2. Атмосфера в доме и вокруг него должна быть в норме, т.е. воздух чистый, уровень шума низкий, соседи спокойные.

Какое из этих условий можно испортить так, чтобы ни жильцы, ни специалисты-ремонтники не смогли обнаружить причину повреждения?

Скорее всего, это воздух. Надо организовать в доме невыносимый запах, что-то вроде "дохлой мыши". В качестве "дохлой мыши" можно использовать кусочки сырого мяса или рыбы. Чтобы источник запаха нельзя было обнаружить, надо спрятать эти кусочки в самых неожиданных местах. Если "дохлую мышь" обычно ищут на полу, под мебелью, за плинтусом, то кусочки мяса надо расположить под потолком – в местах крепления люстры, в трубчатых карнизах, в декоративных элементах…

Итак, перед тем, как окончательно выехать из этого дома, старая жена должна проделать все вышеизложенное, а потом спокойно подождать, пока измученный до предела жуткой вонью, бывший муж **сам** согласится вернуть ей любимый дом.

Главная идея этой методики заключается в том, что нет смысла с ходу искать выход из запутанной ситуации. Прежде всего надо обнаружить очаг проблемы (конфликтную пару), и только тогда можно собственно решать задачу. Вместо того, чтобы метаться среди огромного количества объектов, относящихся к данной проблеме, достаточно разобраться всего с двумя. Это позволяет сэкономить и время, и силы.
Кроме того, методика ТРИЗ обладает уникальным преимуществом – критерием оценки найденного решения, ИКР. Обычно, чтобы понять, насколько полученная идея способна разрешить ситуацию, необходимо внедрить ее или, как минимум, провести эксперимент.
Сравнение с ИКР (идеальный конечный результат) позволяет сразу, еще на этапе мысленного поиска, оценить идею.

Рассмотрим для разнообразия техническую проблему.

В настоящее время существует несколько видов огнетушителей: жидкостные, газовые, пенные, но самым распространенным остается порошковый. Устроен огнетушитель довольно просто. Он состоит из корпуса, наполненного огнетушащим порошком. На горловине корпуса закреплена головка с бойком. На головку установлен: источник газа, сифонная трубка и рукоятка запуска.

Чтобы привести огнетушитель в действие, достаточно повернуть рукоятку, при этом боек приводит в действие источник газа, который через сифонную трубку газирует порошок и создает внутри корпуса огнетушителя требуемое избыточное давление. Через гибкий шланг порошок подается на очаг пожара.

Главным достоинством порошкового огнетушителя является простота его эксплуатации. Любой человек, даже неимеющий никакого "пожарного образования", может снять со стены огнетушитель и включиться в борьбу с огнем. Но в этой простоте скрывается и его недостаток. Ведь для того, чтобы заглушить пламя, надо накрыть порошком его очаг, источник горения. Струя порошка вылетает на определенное расстояние, и если огонь успел охватить большую территорию, к его очагу невозможно приблизиться.

Как быть?

Анализ этой проблемы, как и в предыдущем случае, можно записать в виде перевернутой пирамиды. А можно сделать последовательный разбор, шаг за шагом – "горизонтальный" вариант.

Шаг 1.
Запутанная ситуация: пожар разгорелся, пожарная команда еще не приехала, прибежавшие добровольцы расхватали немногочисленные огнетушители, но попасть в очаг возгорания уже

не удается – слишком большая территория захвачена огнем.

Много объектов: конструкция и объем огнетушителя, состав компонентов и условия их взаимодействия, территория и ее застройка, и т.д. Изменение любого из этих объектов может привести к решению проблемы, но на этом этапе непонятно, какой именно объект надо менять.

Расплывчатое требование: надо погасить источник горения, а как?

Шаг 2.

Мини-задача: все остается без изменений, т.е. огнетушитель выбрасывает струю пены, но появляется новое качество – струя попадает в очаг пламени, несмотря на расстояние.

Техническое противоречие (ТП): улучшение одной части системы известными способами или устройствами приводит к ухудшению (усложнению) другой ее части.

Если увеличить объем баллона, чтобы усилить струю, или выдвигать его на длинной штанге, чтобы струя дотянулась до источника огня, то огнетушитель станет слищком тяжелым и неудобным в использовании.

Шаг 3.

Конфликтная пара: струя – огнетушитель.

ТП-1: если сделать длинную струю, то она дотянется до очага возгорания, но огнетушитель потеряет свою простоту использования.

ТП-2: если струя останется короткой, она не попадет в очаг возгорания, но огнетушитель сохранит свое преимущество – останется простым в использовании.

Струя – **изменяемый** объект, от которого зависит решение проблемы.

Длинная струя – короткая струя.

Шаг 4.

Дальнейшее сужение области поиска требует выбора одного из двух технических противоречий (одного из двух состояний элементов), обеспечивающего выполнение главной цели системы. В нашей задаче главное – сохранить преимущество огнетушителя: простоту использования.

Поэтому выбираем **ТП-2** – короткая струя. Короткая струя не усложняет эксплуатацию огнетушителя, но не достигает глубины огня. Необходимо **при минимальных изменениях системы** забросить струю в глубину пламени, не теряя простоты огнетушителя.

Шаг 5.

Физическое противоречие (ФП).

Короткая струя должна добросить порошок до глубины огня и при этом не менять огнетушитель. Чтобы забросить порошок, струя должна быть подвижной.

Чтобы не менять огнетушитель, струя должна быть неподвижной.

45

ФП: короткая струя подвижная – неподвижная. Один и тот же элемент не может одновременно находится в двух противоположных состояниях. Надо разделить эти состояния: струя подвижная по отношению к огню, и неподвижна относительно огнетушителя.

Шаг 6.
Идеальный конечный Результат (ИКР) достигается сам собой, "без ничего", без затрат энергии, материалов, средств.
ИКР: короткая струя **сама**, без дополнительных затрат, движется в глубину огня.
Усиливаем ИКР, доводим его до абсурда: короткая струя **сама** прыгает в глубину огня.

Вывод: огнетушитель бросают словно гранату, от удара срабатывает боек, и из шаровидного корпуса бьет струя порошка, сбивающая пламя.

Направление анализа проблемы можно представить в виде последовательных переходов и соответствующих им видов противоречий.

Сложная ситуация, много объектов	мини-задача два объекта ТП-1 и ТП-2	один объект ТП	часть объекта ФП	ИКР

Рассмотрим еще один пример анализа сложной проблемы по этой схеме.

Представьте себе небольшое частное книжное издательство. Хозяйка этого издательства Хелен Лимонова сидит в своем кабинете и чувствует себя, как на качелях. Дело в том, что на днях заходил молодой писатель Федор Домашний и предлагал свою первую повесть о безответной любви (конечно, что еще может волновать двадцатитрехлетнего юношу). А полчаса тому назад позвонила известная писательница, автор многочисленных женских детективов Авдотья Днепрова и предложила издать свою новую серию (интересно, почему она выбрала именно мое, совсем не крупное издательство, когда ей будут рады в любом, даже в самом преуспевающем).

Для справки: Издательство, руководствуясь своим опытом, приобретает исключительное право у автора (писателя, художника) на издаваемое произведение, и организует его воспроизведение (изготовление) и распространение. При этом практикуется как гонорар

— выплата разового вознаграждения автору, так и роялти — выплата определённого договором процента от выручки за продажу произведения.

На сегодняшний день брать на себя издание книг обоих авторов Хелен не может по финансовым соображениям. Надо выбрать кого- то одного. Спрашивается: кого именно? Дело в том, что книги известной писательницы расходятся очень неплохо, но ведь она заломит жуткую цену за свое "исключительное право", да еще потребует роялти за каждый проданный экземпляр.
С другой стороны, аппетит начинающего автора гораздо меньше, он вполне удовлетворится минимальной ценой за право издания своей повести, без роялти. Но кто знает фамилию Домашний? Кто выберет именно его книгу из огромного разнообразия книжного рынка? Прежде , чем продавать его книги, автора надо "раскрутить", т.е. вложить немалые деньги в рекламную кампанию. И еще неизвестно, что обойдется дороже: аппетит Днепровой или реклама Домашнего.
Кого же выбрать?

Как ни странно это может показаться, но даже такую проблему лучше анализировать по нашей схеме, чем сидеть и мучиться, бросаясь из одной крайности в другую.

Сложная ситуация, много объектов: начинающий писатель, его первая повесть, небольшой гонорар за право ее издания и продажи, рекламная кампания, известная писательница, новая серия детективов, большой гонорар плюс роялти, издательство и его возможности.

Мини-задача: все остается без изменений, но исчезает вредное качество или появляется новое полезное качество.

Все остается без изменений: издательство покупает у автора право на его произведение, издает книгу и распродает ее.

Исчезает вредное качество: издательство не вкладывает в этот процесс слишком много средств.

Техническое противоречие (ТП): улучшение одной части системы известными способами или устройствами приводит к ухудшению (усложнению) другой ее части.

Улучшение известными способами: книга быстро распродается, потому что это произведение популярного автора.

Ухудшение другой части: популярный автор требует высокую плату за право на свои произведения.

Два объекта: книга (произведение автора) и гонорар (плата за права автора).

Книга может существовать в двух состояниях: книга известного автора – книга начинающего автора.

Соответственно, техническое противоречие также можно представить в двух видах.

ТП-1: книга известного автора хорошо распродается, но его гонорар очень высокий.

ТП-2: книга начинающего автора плохо распродается, зато его гонорар достаточно низкий.

Для издательства, в данном случае, главное – не вкладывать слишком много денег, поэтому выбираем ТП-2.

Техническое противоречие: гонорар начинающего автора достаточно низкий, но его книга плохо продается.

Почему произведение начинающего автора плохо продается? Потому что ни автор, ни его произведение никому не известны.

Исходя из этого, можно сформулировать **физическое противоречие (ФП):** книга должна быть известна потенциальным читателям, чтобы ее быстро раскупили, и книга никому не известна, поскольку это произведение начинающего автора.

Идеальный Конечный Результат (ИКР): книга **сама** становится известной всем читателям, не требуя дополнительных затрат.

В нашем случае автор и его произведение равнозначны в смысле известности. Станет известен автор, будет известно и его произведение, и наоборот.

Воспользуемся упоминаемыми ранее принципами разрешения физических противоречий:
1. разделение противоречивых свойств в пространстве
2. разделение противоречивых свойств во времени
3. переход в над-систему: объединение нескольких систем для получения нового качества
4. переход к анти-системе: одна часть системы обладает свойством С, а другая часть – свойством анти-С.
5. переход на уровень подсистем.

Разделение в пространстве: книга (автор) здесь известны, там неизвестны. Автор должен участвовать во всевозможных тусовках, книга должна присутствовать на многочисленных ярмарках. При наличии интернета автор может **сам** распространять информацию в социальных сетях, на всевозможных форумах, ненавязчиво упоминать в комментариях и т.д.

Разделение во времени: сегодня книга (автор) неизвестны, завтра – известны. Имеет смысл рискнуть и купить права начинающего автора на несколько лет вперед. За это время его книги станут популярными (возможно), а права на их издание уже приобретены.

Можно еще сдвинуть по времени: вчера неизвестны, сегодня известны. Пока книга была еще в процессе написания, автор должен заранее давать о ней различную информацию в интернете, в газетах и журналах, например, писать статьи с упоминанием о своей книге.

Объединение систем: выпустить сборник произведений, включив в его состав как известных, так и начинающих авторов.

Или выпустить книгу начинающего автора под редакцией уже известного писателя.

Переход к анти-системе: организовать антирекламу, например, обсуждение на форумах с критикой автора и его произведения.

Переход на уровень подсистем: заранее печатать отрывки из книги в различных литературных приложениях.

РАЗВИТИЕ ПОЛУЧЕННОЙ ИДЕИ

Итак, найдена подходящая идея, проблема решена. И все? Довольно расточительно использовать хорошее решение только один раз. Хотелось бы обнаружить еще какие-нибудь возможности применения полученной идеи. С этой целью используется метод морфологических таблиц. **Метод морфологических таблиц** является простым и эффективным именно там, где необходимо найти большое число вариантов использования известной идеи.

Таблица строится следующим способом: по горизонтальной оси откладываются какие-либо параметры искомой идеи (например, физические), а по вертикали – области применения. Пересечение осей дает новые варианты.

Построим морфологическую таблицу для поиска использования сферического корпуса.

среда / область	A	B	C	D	E	F	G
1							
2							
3							
4							
5							
6							
7							

A – механика   1 – в быту
B - пневматика   2 – в производстве
C - гидравлика   3 – медицина
D - электричество   4 – строительство
E - оптика   5 – развлечения
F – теплотехника   6 – транспорт
G – магнитное поле   7 – экстремальные
                            ситуации

Рассмотрим несколько примеров.

A2	Шариковые подшипники качения	
	Шаровой шарнир	
C1 C2 B2	Шаровой кран	
A6	Шаровые опоры	используются в устройствах поворота передних колес автомобиля

D2 – шаровые разрядники. В них шары представляют собой электроды, разведенные на определенное расстояние. Шаровые разрядники могут работать в условиях очень высоких напряжений и обычно используются для того, чтобы защитить силовую электрическую аппаратуру от перегрузок.

A4, F4 – сферические дома. Равномерное распределение нагрузок на все точки поверхности сферического дома обеспечивают его высокую прочность и сейсмоустойчивость, а обтекаемые поверхности дома-купола предохраняют дом от разрушения во время природных катаклизмов - ветровых бурь, смерчей, ураганов и цунами, а в России, ещё и повышенных снеговых нагрузок в зимний период времени. Эффективный воздухообмен внутри такого купола только способствует еще большей экономии средств на отоплении и кондиционировании; искривлённая поверхность купола способствует натуральной циркуляции воздуха в помещении.

G5 – левитационный (парящий в воздухе) электромагнитный глобус основан на особенности диамагнитных тел – их магнитная проницаемость меньше единицы. Поэтому в магнитном поле они перемещаются в направлении уменьшения напряженности магнитного поля, т. е. выталкиваются из поля. Это свойство диамагнетиков позволяет создать свободный подвес диамагнитных тел в постоянном магнитном поле, т. е. скоменсировать магнитную и гравитационную силы так, что диамагнитное тело может устойчиво висеть в поле тяжести без контакта.

В сферических зеркалах изображение всегда будет мнимым, но зато наблюдатель видит его с любого места, независимо от расположения предмета. Вот почему боковые зеркала на автомашинах (E6) делают всегда выпуклыми: водитель видит, сидя на месте, все, что окружает его с соответствующей стороны.

По этой же причине ёлочные игрушки (E5) тоже делают в виде металлизированных шариков (выпуклые сферические зеркала) – с любого места видны изображения в этих шариках окружающих их предметов и, когда в них видны изображения светящихся предметов, то шарики как бы блестят.

B7 – уже известный нам шарообразный огнетушитель.

E7 – шар-разведчик для экстренных случаев. Чтобы облегчить работу спасателей и снизить риски, был разработан шар со встроенными камерами и сенсорами, который позволит спасать жизни людей. Шар-разведчик представляет собой сферическую широкоугольную камеру размером не больше бейсбольного мяча, оснащенную датчиками и микрофоном для передачи звука. Весит устройство менее 500 гр, внутри находится батарея, шесть наружных камер окружены инфракрасными светодиодами. Противоударный корпус защищает детали от повреждения, а также позволяет шару отскакивать. Устройство забрасывается в опасную зону, где оно снимает окружение, а также собирает информацию об

57

уровне температуры и вибрации, наличии дыма и радиации. Далее 360-градусное панорамное изображение вместе с данными передается на планшет или смартфон. Таким образом, спасатели видят место происшествия и могут быть предупреждены о потенциальной угрозе.

Еще одно применение Е5 - панорамная камера-мяч, которая фиксирует абсолютно все и во всех направлениях. Шар весит 300 грамм с диаметром в 11 см. Он содержит в себе 36 двухмегапиксельных камер с постоянным фокусным расстоянием.

Камеру подбрасывают в воздух, и она автоматически снимает панорамную фотографию в высшей точке своего полёта. Даже если не удастся поймать камеру после того, как ее подбросили вверх, прочный пластиковый корпус выдержит падение. Встроенный компьютер камеры ещё в момент броска вычисляет высшую точку полёта, сверяет с акселерометром и гироскопом и снимает фотографию в наивысший момент броска, когда камера практически неподвижна.

Размеры страницы не позволяют занести найденные варианты непосредственно в таблицу, но даже, если просто отметить "плюсом" занятые клеточки, сразу станет видно, как много возможностей еще не использовано.

область \ среда	A	B	C	D	E	F	G
1			+				
2	+	+	+	+			
3							
4	+					+	
5					+		+
6	+				+		
7		+			+		

Например, одно из новейших изобретений в медицине - эндоскопическая видеокапсула, то есть встроенная в капсулу видеокамера, совмещённая с передатчиком видеосигнала. В процессе прохождения желудочно-кишечного тракта капсула делает в течение нескольких часов десятки тысяч снимков, которые передаются на антенны, размещённые на теле пациента, и записываются в память приёмного устройства.

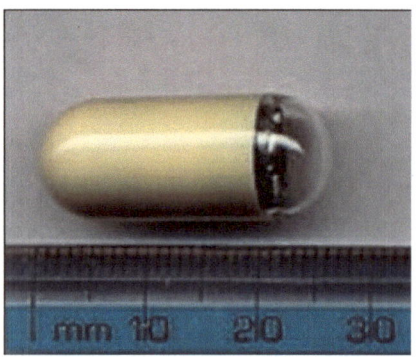

Видимо, по привычке медики использовали продолговатую форму капсулы, хотя сферическая форма помогла бы уменьшить возможность задержки капсулы в кишечнике пациента.

Приведенная выше морфологическая таблица не претендует на полноту обзора. Можно использовать другие параметры, можно увеличить количество этих параметров. Главное достоинство морфологической таблицы (иногда ее называют матрицей) в том, что она показывает, где еще имеет смысл применить полученную идею.

Серия "СЕКРЕТНОЕ ОРУЖИЕ ИНТЕЛЛЕКТА"
включает следующие книги:
1. Зачем надо думать
2. Как надо думать
3. Как думать результативно

Эти книги можно заказать на сайте Amazon.com
или по адресу skrey95@gmail.com